CATALOGUE

DES

MONNAIES ET MÉDAILLES

DU MOYEN AGE ET MODERNES

EN TOUS MÉTAUX

De Feu M. M*, Architecte**

DONT LA VENTE AURA LIEU

HOTEL DROUOT, SALLE N° 4

AU PREMIER ÉTAGE

Les Lundi 11, Mardi 12 et Mercredi 13 Mars 1872

A UNE HEURE ET DEMIE

Par le ministère de Me **BOULOUZE**, Commissaire-Priseur,
rue de Châteaudun, 24,

Assisté de MM. **ROLLIN** et **FEUARDENT**, Experts,
rue Vivienne, 12.

CHEZ LESQUELS SE DISTRIBUE CE CATALOGUE

EXPOSITION

LE DIMANCHE 10 MARS 1872

PARIS — 1872

CATALOGUE

DES

MONNAIES ET MÉDAILLES

DU MOYEN AGE ET MODERNES

EN TOUS MÉTAUX

De Feu M. M*, Architecte**

DONT LA VENTE AURA LIEU

HOTEL DROUOT, SALLE N° 4

AU PREMIER ÉTAGE

Les Lundi 11, Mardi 12 et Mercredi 13 Mars 1872

A UNE HEURE ET DEMIE

Par le ministère de **Me BOULOUZE**, Commissaire-Priseur,
rue de Châteaudun, 24,

Assisté de **MM. ROLLIN** et **FEUARDENT**, Experts,
rue Vivienne, 12.

EXPOSITION

LE DIMANCHE 10 MARS 1872

PARIS — 1872

CONDITIONS DE LA VENTE

Elle sera faite au comptant.

Les Acquéreurs paieront CINQ POUR CENT en sus des enchères.

DÉSIGNATION

FRANCE

1. Charlemagne, Melle, obole au grand monogramme, Louis le Débonnaire, Melle, Lothaire, empereur. AR. 5 pièces.
2. Charles le Chauve, Angers, le Mans, Orléans, monnaie du Palais, Paris, Reims, Rouen, Saint-Denys. AR. 9 pièces.
3. Louis II, Christiana Religio, Eudes, Blois, Orléans, Toulouse, Charles le Simple, Christiana Religio, Melle. AR. 7 pièces.
4. Louis VI, Bourges, gros tournois de saint Louis, Philippe III, IV, V, VI, Philippe IV, bourgeois fortis, novus, regalis, Philippe VI, 1/2 gros, gros à la queue. AR. 14 pièces.
5. Jean-Mouton, AV. tournois, gros d'argent, blancs, Charles V, blancs au K couronné, AV. 1 pièce, AR. et billon, 6 pièces.
6. Charles VI, écu d'or, blancs, 1/2 blanc. AV. 1 pièce, billon, 7 pièces.
7. Henri VI, Salut, blanc aux deux écus, blanc 3 lys sous une couronne, 1 pièce, AV.-BIL. 2 pièces.
8. Charles VII, écu au soleil, grand blanc, blancs, petits blancs. AV. 1 pièce, bil. 7 pièces.
9. Louis XI, écu au soleil, grands blancs. Charles VIII. Karolu et grands blancs, AV. 1 pièce, bil. 5 pièces.

10. Louis XII, écu au porc-épic, écu de Bretagne, blancs et 1/2 blancs. AV. 2 pièces, billon, 6 pièces.

11. Louis XII, teston de Milan, son buste, ℞. Saint Ambroise à cheval. AR. 1 pièce.

12. Louis XII, 1/2 gros, parpaillole, pour Milan. AR. 3 pièces.

13. Charles d'Orléans, *Charles duc d'Orls et de Millan*, écu mi-partie d'Orléans, mi-partie Milan. ℞. *Chambre des Comptes de*, porc-épic sur une base sur laquelle on lit : *1543*, jeton. AR. 1 pièce.

14. François Ier, écu d'or, testons, 1/2 testons. AV. 1 pièce. AR. 6 pièces.

15. François Ier, testons, douzains, quatrain Milan. AR. 3 pièces. BIL. 4 pièces. Æ. 1 pièce.

16. Henri II, testons au balancier. AR. 2 pièces.

17. Henri II, testons, 1/2 testons, douzains. AR. 7 pièces billon, 4 pièces.

18. François II et Marie-Stuart, gros, *fecit utraque unum* AR. 1 pièce.

19. Gros d'argent, *vicit leo de tribu Juda*. AR. 1 pièce.

20. Quart de gros, *jam non sunt duo sed una caro*. AR. 1 pièce.

21. Charles IX, écu d'or, testons, 1/2 teston, sol parisis, douzains, 1 pièce d'or. AR. 7 p. BIL. 2 pièces.

22. Henri III, 1/4, 1/8 d'écu, teston, 1/2 teston, francs, 1/2 franc, 1/4 franc, douzains, liards, double tournois, deniers tournois. AR. 11 pièces. BIL. 8 pièces. Æ. 8 pièces.

23. Charles X, quart d'écu, huitième, douzains, double tournois. AR. 3 pièces. BIL. 3 pièces. Æ. 1 pièce.

24. Henri IV, quart d'écu, huitième d'écu, teston, douzain, double tournois. AR. 7 pièces. BIL. 6 pièces. Æ. 5 pièces.

25. Louis XIII, écu d'or, teston, 1/2 teston. AV. 1 pièce, AR. 3 pièces.

26. Id. Écu d'or, quart d'écu, huitième d'écu. AV. 1 pièce. AR. 4 pièces.

27. Id. Double louis. AV. 1 pièce.

28. Id. Louis, 1/2 louis. AV. 2 pièces.

29. Id. Écu, 1/2 écu, quart d'écu, huitième. AR. 4 pièces.

30. Id. Demi-écu, quart d'écu, huitième, 1/2 douzain essai, double tournois, denier tournois. AR. 4 pièces. Æ. 12 pièces.

31. Louis XIV, quart d'écu, douzain. AR. 4 pièces. BIL. 1 pièce.

32. Id. Double louis 1690, écusson carré. AV. 1 pièce.

33. Id. Buste enfantin, écu, 1/2, 1/4, 1/16e, 1/24e. AR. 6 pièces.

34. Id. Écu du parlement, 1/2, 1/2 écu aux trois couronnes. AR. 5 pièces.

35. Id. Écu aux trois couronnes, 1/2, 1/4. AR 6 pièces.

36. Id. Louis, 1/2 louis aux huit L. AV. 2 pièces.

37. Id. Louis, écu, 1/2 écu aux huit L. AV. 1 p. AR. 2 pièces.

38. Id. Écu aux huit L. 1/2, 1/4, 1/8e. AR. 5 p.

39. Id. Écu de Navarre et Béarn, écu, 1/2, 1/12e. AR. 4 pièces.

40. Id. Louis d'or aux quatre L. AV. 1 pièce.

41. Id. Écu aux palmes, 1/2, 1/4, 1/12e. AR. 6 p.

42. Id. Demi-écu Strasbourg et trois autres pièces. AR. 4 pièces.

43. Id. Écu Carambole, 1/2, 1/4, 1/8e, 1/16e. AR. 5 pièces.

44. Louis XIV, Demi-Carambole, écusson rond, écu aux insignes à l'écusson rond, 1/2, 1/4, 1/12e. AR. 5 pièces.

45. Id. Lys d'or. AV. 1 pièce.

46. Id. Lys d'argent. AR. 1 pièce.

46 *bis*. Id. 1/2 Louis aux huit L. AV. 1 p.

47. Id. Vingt sols, dix sols, cinq sols des traitants, six blancs, douzains, liards, tournois, etc. AR. 5 pièces. billon, 7 pièces. Æ. 21 pièces.

47 *bis*. Id. Essai d'argent de double tournois de 1648. AR. 1 pièce.

48. Louis XV, double louis à lunettes, louis, 1/2 louis. AV. 3 pièces.

49. Id. Louis à lunettes, 1/2 louis. AV. 2 pièces.

50. Id. Tête jeune, écu carré, 1/2, 1/4, 1/8e. AR. 4 pièces.

51. Id. Louis aux L. adossés, 1/8e d'écu. AV. 1 p. AR. 1 pièce.

52. Id. Écusson rond, 1/2, 1/4, 1/8e. AR. 4 pièces.

53. Id. Double louis mirliton, louis. AV. 2 pièces.

54. Id. Écu de Navarre, 1/2, 1/4, 1/6e, 1/12e. AR. 5 pièces.

55. Id. Louis de Malte, lys d'argent. AV. 1 pièce. AR. 1 pièce.

56. Id. Écu aux huit L. 1/2, 1/4, 1/8e. AR. 4 p.

57. Id. Double louis aux quatre écussons en croix. AV. 1 pièce.

58. Id. Écu aux palmes, demi, cinquième, dixième, vingtième. AR. 5 pièces.

59. Id. Tête laurée, écu, 24 sols, 12 sols, 6 sols. AR. 5 pièces.

60. Id. Écu au bandeau, demi, 24 sols, 12 sols, six sols. AR. 5 pièces.

61. Louis XV, Demi-écu Strasbourg, isles du Levant, sols, demi-sol. AR. 3 pièces. Billon, 4 pièces. Æ. 12 pièces.

62. Louis XVI, louis aux palmes. AV. 1 pièce.

63. Id. Écu aux palmes, demi, 24 sols, 12 sols, 6 sols. AR. 6 pièces.

64. Id. Double louis France et Navarre. AV. 1 p.

65. Id. Double louis, louis à lunettes. AV. 2 p.

66. Id. Écu de Droz, essai sous Calonne. AR. 1 p.

67. Id. Demi-louis à lunettes. AV. 1 pièce.

68. Id. Louis aux deux écussons, France et Navarre. AV. 1 pièce.

69. Id. Trois sols, sols, 1/2 sols, 30 sols, 15 sols 1791. AR. 2 pièces. Æ. et BIL. 14 p.

70. Id. Écu, demi-écu au génie 1792. AR. 2 p.

71. Id. Louis au génie avec et sans la tête 1793. AV. 2 pièces.

72. Id. Trente sols 1793. *République.* 6 livres au génie 1793, 1 sol et 2 sols d'essai au génie. AR. 2 pièces. Æ. 2 pièces.

73. République, 5 francs Union et Force, 5 sols Crussol, 20 sols, 10 sols, 5 sols, Lefèvre, Lesage et Comp[ie]., dixième d'argent fin, 5 décimes l'an VIII, caisse de Bonnefoy. AR. 8 pièces. Æ. 4 pièces.

74. Id. Laurent Lavoisier, 2 décimes l'an VIII, un centime essai, coupé et frappé en même temps, Clémençon et Comp[ie]. — Mayence 5 sols, 2 sols, 1 sol, décime, centimes, sols, etc. AR. 1 pièce. Æ. 24 pièces.

75. Id. Deux sols, 1 sol, 1/2 sol à la balance, 5 centimes, 1 centime, monneron à l'Hercule, grand et petit, monneron aux Pyramides, Mirabeau, etc. Æ. 40 p.

76. République, Libre j'offre la paix, métal de cloche, tête de la Liberté, monneron à la fontaine, essai la cigogne, 25 centimes l'an III, 10 centimes Brezin, 5 centimes serpent entourant un faisceau et une massue. Æ. 8 pièces.

77. Bonaparte, Premier Consul, 20 fr., 5 fr., 2 fr., 1 fr. AV. 1 pièce. AR. 3 Pièces.

78. Napoléon empereur, République Française, 40 fr., 20 fr., 5 fr., 1 fr., 1/2 fr., 1/4 fr. AV. 2 pièces. AR. 6 pièces.

79. Id. 5 fr., 2 fr., 1 fr., 1/2 fr., 1/4 fr. AR. 10 p.

80. Napoléon roi d'Italie, 40 lire, 20 lire, 5 lire, 2 lire, 1 lira, 5, 10, 15 soldi, 10 centesimi, soldo 3 centesimi, 1 centesimo. AV. 2 pièces. AR. 6 pièces, Æ. 6 pièces.

81. Napoléon empereur, 5 fr., 2 fr., 40 fr., 20 fr., 1 fr. 1/2 fr. AV. 2 pièces. AR. 4 pièces.

82. Id. 1815, 20, 5, 2 francs, 10 centimes à l'aigle. 5 centimes au grand N, etc. AV. 1 pièce. AR. 2 p. BIL. et Æ. 6 p.

83. Id. 10 livres, Iles de France et Bonaparte, 10 centimes Strasbourg, 10, 5 centimes Anvers. AR. 1 pièce. Æ. 4 pièces.

84. Joseph, comme roi de Sicile, 120 grani; comme roi d'Espagne, 80, 20, 10, 4, 2 reaux, 1 real, 8 marevédis. AV. 2 pièces. AR. 7 pièces. Æ. 2 pièces.

85. Jérôme, roi de Westphalie, 10, 1, 2/3, 1/6, 1/12, 1/24 thaler, 1 marien groshen, 1 pfenning. AV. 1 pièce. AR. 4 pièces. Æ. et BIL. 5 p.

86. Id. 20, 10, 5, 2, 1, 1/2 frank, 20, 10, 5, 3, 2, 1 c. AV. 3 pièces. AR. 4 pièces. BIL. et Æ. 7 pièces.

87. Murat, duc de Berg, thaler, III Stuber, grand amira de France, dodici carlini. AR. 3 pièces. BIL 1 pièce.

88. Id. roi de Naples, 40, 20, 5, 2, 1 lire, meza lira, 3, 2 grani. AV. 2. AR. 4 pièces. Æ. 3 pièces.

89. Louis-Napoléon, roi de Hollande, ducat, 50 stivers, 1 gulden, 10 sous. AV. 2 pièces. AR. 3 pièces.

90. Berthier, prince de Neufchatel, 2 fr. 1 bath, 1/2 bath, 5 fr., pièce fausse en étain. AR. 1 pièce. Bil. 4 pièces.

91. Félix et Elisa de Lucques, 5 fr. 5 pièces.

92. Louis XVIII, 20, 5 fr. 1814. Décime de Strasbourg, 10 centimes, 5 cent. Anvers. AV. 1 p. AR. 1 pièce. Æ. 5 pièces.

93. Id. 5 fr., 20 fr. 1815, 2, 1, 1/2 fr. 1816. AV. 1 pièce. AR. 5 pièces.

94. Id. 40 fr., 1/2 fr. 1817, 1/4 fr. 1823, 5 fr. 1824. AV. 1 pièce. AR. 4 pièces.

95. Id. 20 fr. 1824, sols d'essai, 10 cent. Ile Bourbon, 10 cent. Guyane. AV. 1 p. Æ. et BIL. 5 pièces.

96. Charles X, 5 fr. 1826, 1/2 fr. 1827, 20 fr. 1828, 2 fr. 1828, 1 fr. 1829, 40 fr. 1830. AV. 2 pièces. AR. 4 pièces.

97. Id. 5 fr. 1830, 1/4 fr. 1830, 10 cent., 5 cent., 2 1/2 cent. d'essai et des Colonies. AR. 2 pièces. Æ. 6 pièces.

98. Henri V, 5, 2, 1, 1/2, 1/4 fr., 1 essai. Æ.-AR. 6 pièces.

99. Louis-Philippe, 20, 5, 1 fr. 1830, 1831. AV. 1 pièce. AR. 3 pièces.

100. Id. 5 fr. 1831. 2 fr. 1832, 2 fr. 1835, 40 fr. 1834, 1/2 fr., 1/4 fr., 50, 25 cent. 1845. AV. 1 pièce. AR. 8 pièces.

101. Id. 1848 20, 5, 2, 1 fr. 50, 25 cent. AV. 1 p. AR. 5 pièces.

102. Louis-Philippe, Essai de 100 fr. en étain, sols d'essai et des colonies. Æ. 31 pièces.

103. République 1848, 20 fr. au génie, 20 fr. essai de Merlay. AV. 2 pièces.

104. Id. 5 fr. à l'Hercule, 10 fr. AV. 5, 2, 1 fr., 50, 20 cent. (Oudiné). AR. 6 pièces. AV. 1 pièce.

105. Id. 1852 avec la tête de Louis Napoléon 20 f., 5 fr., 1 fr., 50 cent. AV. 1 pièce. AR. 3 pièces.

106. Napoléon III empereur, 1855 20 fr., 2 fr., 50 c., 20 c., 1854 10 fr., 5 fr. AV. 3 pièces. AR. 4 pièces.

107. Id. 1855 10 fr., 5 fr., 5 fr. petit module, 1860 1 fr., 50 c., 20 cent. AV. 3 pièces. AR. 3 pièces.

108. Id. 1861 20 fr., 5 fr., 1863 5 fr., 1864 50 c., 20 c., 1867 5 fr. 20 c. AV. 3 pièces. AR. 7 pièces.

109. République 1848 et Empire, sols et divisions. Æ. 25 pièces dont 2 satyriques pendant la guerre.

MONNAIES FÉODALES DE FRANCE

110. Jean III de Bretagne, Herbert II du Mans, Saint-Martin de Tours, Deols, Souvigny, Limoges, Turenne, Richard de Poitou, Navarre Ferdinand, Jeanne, Henri II, Henri II et Jeanne. AR. et BIL. 29 pièces.

111. Toulouse, Alfonse, Bertrand, Maguelonne, Anduse denier et obole, Rodes Hugues, Provence Alfonse, Jeanne, Charles d'Anjou, Orange Maurice Ier, Vienne, Lyon Conrade. AR.-BIL. 19 pièces.

112. Dombes Henri, Besançon Charles-Quint, AV. 1 pièce. AR.-BIL. 11 pièces.

113. Dijon, Bourgogne Jean-sans-Peur, Philippe-le-Bon, Évêché de Cambray, Guillaume, Nicolas, Maximilien de Bergues, Henri de la Tour duc de Bouillon, écu. AR. et BIL. 7 pièces.

114. Metz, Thierry de Boppart évêque, cité, écu, gros et divisions. 11 pièces.

115. Lorraine, Charles II, Antoine, Charles III, Charles IV, testons et divisions. AR. et BIL. jeton de François de Lorraine duc de Vaudemont. Æ., en tout 26 pièces.

116. Strasbourg, demi-écu, écusson de France, écu et quart d'écu, deux lions soutenant un écusson, demi-thaler, XXX, XII, II sols. AR. et BIL. 12 pièces.

117. Strasbourg, pièce du jubilé, Charles cardinal et évêque, Louis cardinal de Rohan, thaler de Léopold landgrave d'Alsace. AR. 6 pièces.

ANGLETERRE

118. Ethelred II, Cnut, Guillaume Ier, Edouard III, IV, Henri VI, VII, VIII. AR. 20 pièces.

119. Marie Tudor, Elizabeth, Jacques Ier, Charles Ier. AR. 8 pièces.

120. République. 5 schellings, 2 1/2 sch., XII pences, 2 pences. AR. 5 pièces.

121. Cromwell, couronne, demi-couronne, schelling. AR. 3 pièces.

122. Charles II, couronne, schelling, 6, 4, 2 pences, penny, half penny. AR. 10 pièces. Æ. 3 pièces.

123. Jacques II, couronne, demi-couronne, schelling, 6, 4, 2 pences, 1 penny. AR. 10 pièces. Æ. 11 pièces.

124. Guillaume III, couronne, demi-couronne, schelling, 3, 2 pences, 1 penny, half penny. AR. 5 pièces. Æ. 2 pièces.

125. Guillaume et Marie, demi-couronne, 4, 3 pences, half penny. AR. 5 pièces. Æ. 4 pièces.

126. Anne, guinée, couronne, demi-couronne, schelling, 6, 4, 3, 2 pences, penny, half penny. AV. 1 pièce. AR. 13 pièces.

127. Georges Ier, couronne, demi-couronne, schelling, 6, 4, 2, pences, penny. AR. 7 pièces. Æ. 2 pièces.

128. Georges II, couronne, demi-couronne, schelling, 6, 4, 3, 2 pences, penny, half penny. AR. 15 pièces. Æ. 6 pièces.

129. Georges III, souverain, demi, quart. AV. 5 pièces.

130. Id. couronne, demi-couronne, schelling, 6, 4, 3, 2 pences, penny. AR. 10 pièces.

131. Id. lot semblable. AR. 13 pièces plus Æ. 15 pièces.

132. Georges IV, double guinée, guinée, demi-guinée. AV. 5 pièces.

133. Id. couronne, demi-couronne, schelling, 6, 4, 3, 2 pences, penny, half penny. AR. 13 pièces. Æ. 13 pièces.

134. Guillaume IV, souverain, demi-souverain. AV. 2 p.

135. Id. demi-couronne, schelling, 4, 3 pences, penny, half penny. AR. 6 pièces. Æ. 4 pièces.

136. Victoria, souverain, demi-souverain. AV. 2 pièces.

137. Id. couronne, demi-couronne, schelling, 6, 4, 3, 2 pences, penny, half penny, farthing, half farthing. AR. 18 pièces. Æ. 28 p.

138. Écosse, David, Jacques. AR. 3 pièces.

SUÈDE

139. Eric, Jean III, Gustave Adolphe, écu, Christine, Charles-Gustave, Charles XI. AR. 6 pièces. Æ. 5 p.
140. Charles XII, ducat, écu, demi, quart. AV. 1 pièce. AR. 3 pièces. Æ. 14 pièces.
141. Id. Ulrich Eléonord, écu, Frédéric Gustave III, Gustave IV. AR. 3 pièces. Æ. et Bil. 21 pièces.
142. Charles XIII, Charles XIV, Bernadotte, ducat, écu, demi-écu et divisions. AV. 1 pièce. AR. 8 p. Æ 16 pièces.
143. Oscar, écu et divisions. AR. 5 pièces. Æ. 6 pièces.

DANEMARK

144. Frédéric II, Christian IV. Frédéric III. AR. et BIL. 16 pièces.
145. Christian V, Frédéric IV, AR. et BIL. 18 pièces. Æ. 4 pièces.
146. Christian VII, écu, demi écu. AR. 4 pièces. Æ. 3 pièces.
147. Frédéric VI, Christian VIII, écu et divisions. AR. 9 p. Æ. 8 pièces.
148. Frédéric VII, écu et divisions. AR. 8 pièces. Æ. 4 p.

POLOGNE

149. Alexandre, Sigismond Ier. Sigismond III. AR. Bil. 25 pièces.
150. Etienne, Jean-Casimir, Frédéric-Auguste. Frédéric III. AR. et Bil. 17 pièces.
151. Auguste III, écu et divisions. AR. 6 pièces. Æ. 2 p.
152. Stanislas Auguste, écu et divisions. AR. 10 pièces. Æ. 2 pièces.
153. Pologne en 1812, en 1831, Alexandre, Nicolas. AR. 13 pièces. Æ. 7 pièces.

RUSSIE

154. Petites monnaies antérieures à Pierre le Grand. AR. 15 pièces. Pierre le Grand écu, 4 pièces.
155. Pierre le Grand, écu, demi-écu. AR. 4 pièces. Æ. 6 pièces.
156. Catherine Ire, Pierre II, écus. AR. 5 pièces. Æ. 2 p.
157. Ivan III, Anne, écus AR. 4 pièces. Æ. 7 pièces.
158. Elizabeth, écu et divisions, AR. 4 pièces. Æ. 6 p.
159. Pierre III, Catherine II, écus et divisions. AR. 8 p. Æ. 14 pièces.
160. Paul Ier, écu et divisions. AR. 6 pièces. Æ. 6 pièces.
161. Alexandre Ier, écu et divisions. AR. 9 pièces. Æ. 9 p.
162. Nicolas Ier, écu et divisions. AR. 10 pièces. Æ. 9 p.
163. Alexandre II, platine 1 pièce. AR. 8 pièces. Æ. 6 p.

AUTRICHE, BOHÊME, HONGRIE

164. Rodolphe 1604, double thaler, thaler, 24 kreutzer. AR. 3 pièces.

165. Maximilien 1617, Léopold 1618, thaler et divisions. 9 pièces.

166. Ferdinand II, thaler et divisions. 5 pièces.

167. Ferdinand III, thaler et divisions, Sigismond-Auguste, 1/4 thaler. AR. 5 pièces.

168. Léopold 1691, thaler et divisions. AR. 7 pièces.

169. Joseph, Ferdinand II, thaler et divisions. AV, AR. 8 p.

170. Charles VI, François Ier, thaler et divisions. 16 p.

171. Marie-Thérèse, thaler et divisions. AR. 17 pièces.

172. Joseph II, thaler et divisions. AR. 11 pièces.

173. François Ier, thaler et divisions. AR. 5 pièces.

174. Ferdinand Ier, thaler et divisions. AR. 10 pièces.

175. François-Joseph, thaler et divisions. AR. 9 pièces.

HONGRIE

176. Mathias, Maximilien II, Ferdinand III, Joseph II. AV. 4 pièces.

177. Wenceslas II, Marie-Thérèse, monnaies de nécessité. 1706-1749. AR. 6 pièces. Æ. 4 pièces.

178. Florin d'or de Louis de Bohême, Gros de Prague. Frédéric de Bohême. AV. 1. AR. 2.

TYROL

179. Menard comte, Sigismond Ier, Ferdinand Ier, Ferdinand II, Sigismond II, Charles VI, monnaie de convention. 1809. AR. 11 pièces.

ALLEMAGNE

180. Aix-la-Chapelle, Anhatt, Augsbourg, Bergues, Clèves, Bremen, Anhatt, Bernbourg. AR et BIL. 16 pièces. Æ. 2 pièces.
181. Cologne. AR. et BIL. 16 pièces. Æ. 1.
182. Princes primats et électeurs, François-Louis, Christophe-Franz, Jean-Philippe, Charles-Théodore, thaler et divisions. AR. 8 pièces.
183. Constance, Coblentz, Clèves, Darmstadt; Dortmund, Embden, Erfurth, Eysttettin, Franconie, Albert et Philippe, électeurs. AR. 11 pièces. Æ. 2 pièces.
184. Franckfort, thaler, 1/2 thaler, divisions. AR. et BIL. 22 pièces.
185. Hamm, Gotha, Gottingue, Hildesheim, Juliers, Hambourg, AR. et billon. 16 pièces. Æ. 4 pièces.
186. Lips, Lubeck, Mayence, Leipsig, Misnie, Molenheim, AR. et billon. 20 pièces.
187. Mecklemburg-Schwerin, Mansfeld, Manheim, Munster. Paderborn. AR. BIL. 11 pièces. Æ. 2 pièces.
188. Nuremberg. AV. 1 pièce. Ar. et BIL. 12 pièces.
189. Olmutz, Ottingen, Oldenbourg, Paderborn, 1/3 ducat. AV. 2 AR. 7 pièces. Æ. 2 pièces.

190. Ratisbonne, Regensburg, Salzbourg, Spire, 1/4 ducat. AV. 1 pièce. AR. et BIL. 14 pièces.

191. Salzbourg, Spire, Trèves, Zutphen, Weybourg, Ulm. AR. et BIL. 17 pièces.

192. Électeurs, Charles-Théodore, Frédéric III, Maximilien-Emmanuel, Charles-Philippe. AR, et BIL. 14 pièces.

BADE

193. Charles-Frédéric, Louis, thaler et divisions. AR. et BIL. 12 pièces.

194. Léopold, Frédérich, thaler et divisions. AR. et BIL. 8 pièces.

BAVIÈRE

195. Maximilien, Charles-Théodore, Maximilien-Joseph Ier, Maximilien-Joseph II, Léopold, thaler et divisions. AR. 12 pièces.

196. Louis Ier, 8 thalers variés. AR. 8 pièces.

197. Maximilien II, double thaler, thaler, 1/2 thaler. AR. 3 pièces.

BRUNSWICK, LUNEBOURG

198. Auguste, Georges-Louis, Henri-Jules, thaler. AR. 6 pièces.

199. Rud-Auguste, et Anthoine-Ulrich, Ernest-Auguste, Christophe-Frédéric, Charles, Georges II, Guillaume, thaler, 1/2 thaler. AR. 9 pièces.

200. Divisions des mêmes princes. AR. et BIL. 29 pièces.

BRANDEBOURG

201. Albert, Georges-Guillaume, Jean-Frédéric, thaler, 1/2 thaler. AR. 5 pièces.

202. Frédéric III, Frédéric-Christian, Alexandre. AR. 6 pièces.

HESSE

203. Guillaume, Ernest-Louis, Louis IX, Frédéric II, Guillaume XI, thaler et divisions AR. 7 pièces.

204. Louis Ier, Guillaume II, Louis II, Louis III, thaler et divisions. AR. 9 pièces.

HANOVRE

205. Guillaume IV, Ernest-Auguste, Georges V, et monnaies de la ville, thaler et divisions. AR. et BIL. 10 pièces.

206. Nassau, Adolphe, etc., Adalbert, évêque de Fould; Jean, comte de Mansfeld; Ernest, duc de Cobourg-Gotha. AR. et BIL. 8 pièces.

SAXE

207. Frédéric-Jean-Georges, Jean-Casimir et Jean-Ernest, Jean-Frédéric, Christian, Jean-Georges, Georges-Louis et Christian. AV. 1 pièce. AR. 14 pièces.

208. Frédéric, Frédéric-Auguste, Frédéric II, Frédéric-Auguste V, Jean V, thaler et divisions. AR. et BIL. 22 pièces. Æ. 2 pièces,

209. Archevêché de Salzbourg. Paris, Léopold, Frédéric, Frédéric, prince de Hohenzollern-Hech; Carl, Hohenzollern-Zigmarigen. AR. 6 pièces. Æ. 1 pièce.

210. Ferdinand et Marie-Anne landgraves de Sulz; Georges-Guillaume, prince de Schaumburg-Lipp, etc. AR. 8 pièces.

WURTEMBERG

211. Jean, Charles, Frédéric II, Guillaume. AR. et BIL. 12 pièces.

212. Guillaume Ier, Guillaume II, Karl. AR. 11 pièces.

PRUSSE

213. Wunrichs, grand-maître; Frédéric, Frédéric II, Frédéric-Guillaume II. AR. et BIL. 22 pièces.

214. Frédéric-Guillame II, Frédéric-Guillaume III. AR. 10 pièces. BIL. 5 pièces.

215. Frédéric-Guillaume IV, Guillaume et Augusta. AR. 11 pièces.

SUISSE

216. Canton de Lucerne, 40 bath et divisions. AR.-BIL. 15 pièces.

217. Id. 40 bath et divisions. AR. et BIL 14 pièces. Æ. 3 pièces.

218. Canton d'Uri, 4, 2, 1 bath, 1/2 bath; canton Schwitz, écu et divisions. AR. et BIL. 15 pièces.

219. Canton d'Underwald, Zurich or. AR. et BIL. 14 pièces.

220. Glaris, Fribourg, écu et divisions. AR. et BIL. 27 pièces.

221. Canton de Soleure. 1 pièce d'or. AR. et BIL. 22 pièces.

222. Canton de Bâle. 2 pièces d'or, 1 double écus; écus, AR. 3 pièces.

223. Id. Bracteate, thaler et divisions. AR. et BIL. 17 pièces.

224. Id. Thaler et divisions. AR. et BIL. 18 pièces.

225. Canton de Schaffouse, canton d'Appenzel, écu et divisions. AR. et BIL. 11 pièces.

226. Canton de Saint-Gall, écu et divisions. AR. et BIL. 17 pièces.

227. Canton des Grisons, écu et divisions. AR. et BIL. 13 pièces.

228. Canton d'Argau, écu et divisions; canton de Thurgau, 1 bath, 1/2 bath. AR. et BIL. 14 pièces.

229. Canton du Tésin, écu et divisions. AR. et BIL. 11 pièces.

230. Canton de Vaud, écu, 1/2, 1/4, etc. AR. 8 pièces.

231. Canton de Zurich, écus. AV. 1 pièce. AR. 5 pièces.

232. Id. Écus et divisions. AR-BIL. 15 pièces.

233. Canton de Berne, ducat d'or, écu, 1/2, 1/4. AR. 7 pièces.

234. Id. Ducat d'or, écu, 1/2, 1/4. AR. 7 pièces.

235. Canton de Berne, canton de Vaud, canton du Valais, AR. et BIL. 33 pièces.

236. Canton de Neufchâtel. AR. et BIL. 17 pièces.

237. Canton de Genève, écu, prix du travail en 1794; 10, 5 fr. de 1848. AR. 4 pièces.

238. Id. Écu, 1/2 écu, médaille de tir. AR. 4 pièces.

239. Id. Divisions. AR. et BIL. 28 pièces. Æ. 4 pièces,

240. Canton de Zug. AR. 3 pièces. BIL. 1 pièce.

241. République helvétique, 16 franken, AV. 4 franken et divisions. AR. et BIL. 7 pièces. Æ. et nickel, 6 pièces.

242. Id. 5, 2, 1, 1/3 fr., médaille de tir. AR. 5 pièces.

PAYS-BAS

243. Flandres, Louis le Mâle, Charles le Téméraire, Philippe II, Albert et Élizabeth, Joseph II, Marie-Thérèse. AR. 7 pièces. Æ. 2 pièces.

244. Anvers, double Esterling, Albert et Elisabeth, Philippe II, Philippe IV, Charles II. AR. 8 pièces.

245. Brabant. — Jean-Bruxelles, Albert et Elizabeth, Philippe II, Philippe IV. — Luxembourg : Wenceslas, Charles II. AR. 8 pièces. Æ. 8 pièces.

246. Esterlings de Valenciennes, Bruxelles, Aix-la-Chapelle, Maille de Douay, Ypres, etc. AR. 14 pièces.

247. Tournay. Ferdinand et Elizabeth, Philippe II, Philippe III, Liége, sede vacante 1744, ducat d'or, Maximilien Henri. AR. 5 pièces. Æ. 2 pièces.

248. Liége. Jean Louis, Maximilien Henri, Joseph Théodore. Joseph Clément. AR. 1 pièce. Æ. 11 pièces.

249. Gueldres. Charles, Philippe II, double ducaton 1755, etc. AR. 6 pièces. Æ. 1 pièce.

250. Overyssel, Westfrise, Nimègue, Groningue. AR. 11 pièces. Æ. 4 pièces.

251. Utrecht, écu, 1/2, divisions. AR. 7 pièces. Æ. 2 pièces.

252. Zelandia, Zutphania. AR. 6 pièces. Æ. 5 pièces.

HOLLANDE

253. Provinces-Unies. AR. 10 pièces. Æ. 4 pièces.

254. Guillaume Ier, 10 goulden, 5 goulden. AV. 2 pièces. 3, 2 1/2 g. et divisions. AR. 8 pièces. Æ. 2 pièces.

255. Guillaume II, 5 g. AV. 1 pièce. 2 1/2 g. et divisions. AR. 5 pièces.

256. Guillaume II, 2 1/2 g., 1, 1/2 g., 10, 5 cents. AR. 5 pièces.

257. Luxembourg. Wenceslas, Elizabeth, Joseph II, Léopold II, Marie Thérèse. AR. 8 pièces. Æ. 11 pièces.

BELGIQUE

258. Léopold II, 1791 ; Confédération. 1790. AR. 4 pièces. Æ. 4 pièces.

259. Léopold, 20 fr., 5 fr., 2 1/2, 1/2. AV. 1 pièce. AR. 5 pièces.

260. Id. Ducat, 20 fr., 10 fr. AV. 3 pièces.

261. Id. 5 fr. au revers du duc et de la duchesse de Brabant, 2 fr., 1 fr., 1/2 fr., 1/4 fr., 20 c., 10 c , etc. AR. 7 pièces. Æ. et nickel, 13 pièces.

262. Léopold II, 20 fr., 5 fr. et divisions. AV. 1 pièce. AR. 4 pièces.

ESPAGNE

263. Pierre, Jacques, Alphonse, Henri IV, Ferdinand et Elizabeth. AR. 15 pièces,

264. Ferdinand et Elizabeth, Charles et Jeanne, Charles V, Philippe II. AV. 1 pièce. AR. 7 pièces. Æ. 3 pièces.

265. Charles-Quint, Philippe II, III, IV. AR. 10 pièces. Æ. 12 pièces.

266. Charles II. AR. 13 pièces. Æ. 1 pièce.

267. Philippe V. AV. 3 pièces. AR. 2 pièces.

268. Id. Piastre et divisions. AR. 10 pièces. Æ. 4 pièces.

269. Ferdinand VI. AV. 1 pièce. AR. 7 pièces. Æ. 3 pièces.

270. Charles III, 2 piastres, 1 piastre. AV. 3 pièces. AR. 7 pièces.

271. Id. AV. 2 pièces. AR. 7 pièces. Æ. 4 pièces.

272. Charles IV. AV. 2 pièces. AR. 4 pièces.

273. Id. Piastres et divisions. AR. 8 pièces. Æ. 1 pièce.

274. Barcelone, 1811. 5 pesetas, 2 1/2, 1-4 cuarto. AR. 3 pièces. Æ. 3 pièces.

275. Ferdinand VII, 1/4 quadruple, piastres. AV. 2 pièces, AR. 2 pièces. Æ. 8 pièces.

276. Id. AR. 15 pièces. Æ. 12 pièces.

277. Isabelle II, 100 réaux, piastres et divisions. AV. 1 pièce. AR. 10 pièces.

278. Id. 100 réaux, piastre et divisions. AV. 1 pièce. AR. 8 pièces.

279. Id. Æ. 15 pièces. Gouvernement provisoire. 1869. AR. 2 pièces.

PORTUGAL

280. Alfonse, Emmanuel, Jean II, Jean III, Sébastien. AR. 12 pièces.

281. Ferdinand, Jean IV, Pierre II, Jean V. AV. 1 pièce. AR. 4 pièces. Æ. 8 pièces.

282. Jean V. AV. 2 pièces. AR. 2 pièces. Æ. 9 pièces.

283. Joseph III. AR. 3 pièces. Æ. 10 pièces.

284. Marie Ire et Pierre III, portugaise. AV. 1 pièce. AR. 1 pièce. Æ. 3 pièces.

285. Marie Ire, portugaise, 640 reis, etc. AV. 1 pièce. AR. 2 pièces. Æ. 11 pièces.

286. Jean VI, demi-portugaise, 960, 640, 400 reis et divisions. AV. 1 pièce. AR. 7 pièces. Æ. 8 pièces.

287. Marie II, 400, 500 reis. AR. 2 pièces. Æ. 11 pièces.

288. Michael Ier, Pierre V, Louis Ier. AR. 7 pièces.

SICILE

289. Ferdinand, Philippe II, Charles II, AR. 12 pièces. Æ. 6 pièces.
290. Ferdinand IV et Caroline, Ferdinand IV, AR. 4 pièces. Æ. 7 pièces.
291. Ferdinand IV. AR. 4 pièces. Æ. 7 pièces.
292. Ferdinand Ier, François Ier. AR. 2 pièces, Æ. 9 pièces.
293. Ferdinand II. AR. 8 pièces. Æ. 6 pièces.
294. République napolitaine, Æ. François II. AR. 2 pièces. Æ. 3 pièces.

ITALIE

295. Monaco. Honoré II, Honoré III, Louis Ier, Honoré V, jeton du cercle. AR. 4 pièces. Æ. 7 pièces.
296. Gènes. AV. 1 pièce. AR. 6 pièces.
297. Gènes. *Non surrexit major*, écu et divisions; République, 1793, 1794. AR. 13 pièces. Æ. 4 pièces.
298. Saluces. Michel Antoine; Savoie. Louis, Charles, Philibert, Charles Emmanuel II. AR. 15 pièces. Æ. 1 pièce.
299. François et Charles Emmanuel, Charles Emmanuel III, Emmanuel Philibert. AV. 1 pièce. AR. et BIL. 10 pièces. Æ. 4 pièces.
300. Charles Emmanuel, Victor Amédée. AV. 1 pièce. AR. et BIL. 11 pièces. Æ. 7 pièces.
301. Charles Emmanuel IV, Victor Emmanuel. AV. 1 pièce. AR. et BIL. 5 pièces. Æ. 3 pièces.

302. Charles Félix, 80, 40, 20 lire. AV. 3 pièces.

303. Charles Félix, 5 lire et divisions. AR. 4 pièces. Æ. 3 pièces.

304. Charles Albert, 50, 20, 10, 5 lire et divisions. AV. 3 pièces. AR. 5 pièces.

305. Victor Emmanuel, 11-50, 20, 10, 5 lire. AV. 4 pièces.

306. Victor Emmanuel, 11-20, 5 lire et divisions. AV. 1 p. AR. 17 pièces. Æ. 7 pièces.

307. Louis, Amédée, Philibert, Victor Amédée, Charles Emmanuel, Marie Jeanne et Victor Amédée II. AR. et BIL. 8 pièces. Æ. 6 pièces.

308. République piémontaise, mezzo scudo, 1, 4, 2 soldi; Gaule subalpine. 5 fr., scudo di lire sei. AR. 6 pièces. Æ. 1 pièce.

309. République napolitaine, ligurienne, de Bologne. AR. 6 pièces. Æ. 1 pièce.

310. Corse. Paoli, 4 soldi; Ancône, Bologne. AR. 5 pièces. Æ. 9 pièces.

311. Étrurie, Florence. Ferdinand 1er, Cosme II, Gaston. AR. 11 pièces.

312. Cosme III. AV. 1 pièce. Écus. AR. 4 pièces.

313. Id. Écus et divisions. AR. 5 pièces.

314. François, Léopold. AR. Écus 4 pièces.

315. Léopold. Écus et divisions. AR. 8 pièces. Æ. 5 pièces.

316. Ferdinand III, Louis Ier, écu et divisions. AR. 4 pièces. Æ. 2.

317. Charles Louis et Marie Louise, écu et 1/2 écu. AR. 3 pièces. Æ. 1 pièce.

318. Léopold II, ducat, écu et divisions. AV. 1 pièce. AR. 4 pièces.

319. Léopold II, écu et divisions. AR. et BIL. 9 pièces. Æ. 3 pièces.

320. Lucques. Charles empereur; République. Félix et Élisa, Charles Louis Ier. AR. 8 pièces. Æ. 11 pièces.

321. Milan. Frédéric, Galeas, Bernabo Galeas, Louis More, Jean Galeas, Galeas Marie Sforce. AR. 15 pièces.

322. Charles-Quint, Philippe II, or; Charles III, AV. 1 pièce. AR. 3 pièces.

323. Joseph II, Marie-Thérèse, François II, Gouvernement provisoire. AR. 7 pièces. Æ. 9 pièces.

324. Parme. Alexandre Farnèse, François Ier, Ferdinand Ier. AR. et BIL. 8 pièces. Æ. 5 pièces.

325. Marie-Louise, 40, 20 lire. AV. 2 pièces.

326. Marie-Louise, 5 lire et divisions. AR. 6 pièces. Æ. 3 pièces.

327. L'Italie délivrée à Marengo. AV. 1 pièce.

328. Modène. Hercule III, Rhegio Prosper évêque; Alexandre II, Paesaro Galeas Sforce. AR. 5 pièces. Æ. 4.

329. Montferrat Guillaume, Hercules II, Gubbio, 1796, Mantoue. François, Charles Ier, Charles II, Massa, Pise, Sienne, Suze, Pérouse. AR. 6 pièces. Æ. 13 pièces.

330. Raguse, Viterbe, Saint-Séverin. AR. et BIL. 4 pièces. Æ. 3 pièces.

DOGES DE VENISE

331. Pierre Ziani, Jacques Thiepolo, René Zeno, Jacques Contarini, François Thiepolo, André Dandolo, Nicolas Tron. Jean Moncenigo. AR. 12 pièces.

332. Augustin Barbadigo, Leonard Lauredan, André Gritti, Pierre Landau. AR. 11 pièces.

333. François Donato, Jérome Prioti, Louis Moncenigo. AV. 1 pièce. AR. 8 pièces. Æ. 1 pièce.

334. Pascal Cicogna, Marc Foscari, François Erizo, Dominique Contarini, Sylvestre Valerio. AR. 8 pièces. Æ. 1.

335. Jean Cornaro, Louis Pisani, François Lauredan, Marc Foscareno, François Moroceno, Paul Rainier. AR. 10 pièces. Æ. 1.

336. Louis Manin. AV. 1 pièce. AR. 2.

337. Paul Rainier, République 1797, François II. AR. et BIL. 10 pièces.

338. République 1848. 20, 5 lire, etc. AV. 1 pièce. AR. et BIL. 3 pièces. Æ. 3 pièces.

339. Venise, sans noms de doges, Candie, Dalmatie. Royaume Lombard Vénitien, Urosius, roi de Servie. AR. 6 pièces. Æ. 7.

MONNAIES PAPALES

340. Martin IV, Clément VI, Nicolas V. Æ, Innocent VIII. Alexandre VI. AV. 1 pièce. AR. 5 pièces. Æ. 1 pièce.

341. Jules II, Jules III, Paul III, AV. — AV. 1 pièce. AR. 5 pièces. Paul III, Jules III, Clément VII. AR. 7 p. Æ. 1 pièce.

342. Paul IV, Pie IV. AR. 8 pièces. Æ. 1 pièce.

343. Pie V, Grégoire XIII. AR. 7 pièces. Æ. 1 pièce.

344. Clément VIII, Paul V. AR. et BIL. 7 pièces. Æ. 1 pièce.

345. Urbain VIII. AR. 5 pièces. Æ. 4 pièces.

346. Alexandre VII, Clément IX. AR. 10 pièces. Æ. 2 pièces.

347. Clément X. AR. 15 pièces.

348. Clément X, Innocent XI. AR. 6 pièces.

349. Innocent XI. AR. 7 pièces.

350. Innocent XI. AR. 28 pièces. Æ. 5 pièces.

351. Alexandre VIII. AR. 7 pièces.

352. Innocent XII. AR. 10 pièces.

353. Innocent XII. AR. 10 pièces. Æ. 1.

354. Innocent XII. AR. 10 pièces. Æ. 2 pièces.

355. Benoît XIII. AV. Clément XI. AV. 1 pièce. AR. 7 pièces. Æ. 2 pièces.

356. Clément XI. AR. 14 pièces.

357. Clément XI. AR. 9 pièces. Æ. 5 pièces.

358. Clément XII. AV. 1 pièce. AR. 5 pièces.

359. Clément XII. AR. 20 pièces. Æ. 1.

360. Benoît XIV. AV. 2 pièces. AR. 4 pièces.

361. Benoît XIV. AR. 16 pièces. Æ. 14 pièces.

362. Clément XIII. AR. 8 pièces. Æ. 3 pièces.

363. Clément XIV, Pie VI. AR. 8 pièces.

364. Pie VI. AR. et BIL. 21 pièces. Æ. 11 pièces.

365. République romaine, scudo, 2, 1 1/2 baïoque. AR. 1 pièce. Æ. 6 pièces.

366. Pie VII. AR. 5 pièces. Æ. 10 pièces.

367. Léon XII, Pie VIII. AR. 3 pièces. Æ. 6 pièces.

368. Grégoire XVI. AV. 1 pièce. AR. 8 pièces. Æ. 6 pièces.

369. République romaine, 1849. BIL. 4 pièces. Æ. 4 p.

370. Pie IX, 5 scudi, 2 scudi, 50 baiocchi, 1 scudo. AV. 4 pièces.

371. Pie IX, scudo, 50, 20, 10 baiocchi, 5 baiocchi et divisions de bronze. AR. 5 pièces. Æ. 9 pièces.

372. 50, 20, 10, 5 lire. AV. 4 pièces. 7 AR. 3 Æ.

373. 1 Zecchino, scudo, 20, 10, 5 baiocchi, pièces de Pie IX frappées à Gaëte en 1848. Æ, 5 pièces.

374. Siége vacant, 1676, 1689, 1691, 1700, 1724, 1730, 1740, 1758, 1774, 1823, 1829, 1830, 1846. AR. 20 pièces. Æ. 3 pièces.

GRANDS MAITRES DE MALTE

375. Ferdinand Hompesch, écu. Emmanuel Pinto, écu et division. AR. 3 pièces.
376. Emmanuel de Rohan, écu et divisions. AR. 5 pièces. Æ. 4.

GRÈCE

377. Kapodistrias. 1 pièce d'argent. Æ. 6 pièces.
378. Othon, 5 drachmes et divisions. Georges Ier. AR. 7 pièces. Æ. 7.

MONNAIES DE SIÈGE

379. Breda, 1625. Tournay Surville. Tournay, 1709. Munster, 1671. Utrecht, 1679. Lille 1709. AR. 2 pièces. Æ. 8 pièces.
380. Landau, 2 fl. 8 k., 1 fl. 4 k., 1/2 fl. 2 k. AR. 3 pièces.
381. Catalogne sous Ferdinand VII, 1808, 1821. AR. 3 pièces.
382. Mantoue l'an VII, 10, 5, sols, 1 sol, Palma-Nova 1814, 50 c. Æ. 4 pièces.
383. Rome 1849, 40, 20, 10, 5 baiocchi. Æ. 4 pièces.
384. Cattaro sous Napoléon Ier, 5 fr. AR. 1 pièce.

PAYS D'OUTRE-MER

385. États-Unis, 5 dollars, 1 dollar et divisions. AV. 2 pièces. AR. 5 pièces. Æ. 8 pièces.

386. États-Unis, 3 dollars, 1/4 dolar, 5 dollars et divisions. AV. 2. AR. 6 pièces. Æ. 10.

387. Canada, Haut-Canada. AR. 1 pièce. Æ. 11 pièces.

388. Demerari et Essequibo, Nouvel York, Nouvelle-Écosse, Massachusset, Sierra Leone, Ceylan, Sainte-Héléne. AR. 3 pièces. Æ. 14 pièces.

389. Compagnie des Indes. AR. 5 pièces. Æ. 9 pièces.

390. Venezuela. 10 reales. AR. 1 pièce. Æ. 2.

391. Nouvelle-Grenade. AV. 1 pièce. AR. 5 pièces.

392. Colombie, Rio de la Plata. AR. 5 pièces. Æ. 1.

393. Chili. AR. 7 pièces. Æ. 2 pièces.

394. République Argentine, Rosas, Guatemala, Raphaël Carrera. AV. 1 pièce. AR. 3.

395. Brésil. Joseph Ier, Marie Ire. AR. 10 pièces. Æ. 1.

396. Id. Jean VI. AV. 1 pièce. AR. 6 pièces. Æ. 8 pièces.

397. Id. Pierre Ier. AR. 1 pièce. Æ. 4. — Pierre II. AR. 2 pièces.

398. Id. Pierre II. AV. 2 pièces. AR. 10 pièces. Æ. 1.

399. Macasuta, Java, Occitania. AR. 5 pièces. Æ. 15 pièces.

400. Haïti, Henri, écu l'an XVII. AR. 1 pièce.

401. Id. Boyer, Petion. AR. BIL. 9 pièces.

402. Id. Faustin Ier, Geffrard : République. Æ. 8. Saint-Maurice. BIL. 2 pièces.

403. Saint-Domingue, Guyanne, Bas-Canada, République du Centre, Curaçao, Urugay, Paraguay, Potosi, AR. 3 pièces. Æ. 8.

404. Caracas, Buenos-Ayres, Rio de la Plata, Uraguay. AR. 2 pièces. Æ. 14 pièces.
405. République de l'Équateur. AR. 3 pièces.
406. République Bolivienne. AV. 1 pièce. AR. 4.
407. République Péruvienne, Lima, Cusco. AR. 5 pièces.
408. Mexique, Augustin, République, Maximilien. AR. 11 pièces. Æ. 4 pièces.
409. Chili, Pérou. AR. 5 pièces. Æ. 6 pièces.
410. Chine, Cochinchine, Japon, AR. 1 pièce. Æ. 7 pièces.
411. 77 monnaies diverses, argent et Bil.
412. 75 monnaies diverses, argent et Bil.
413. 28 monnaies persanes, arabes, turques en argent et billon.
414. 115 monnaies de cuivre.
415. 110 monnaies de cuivre.
416. 107 monnaies de cuivre.

MÉDAILLES

418. 1 médaille d'or, petit module, d'Henri IV et sa femme.
419. Médaille d'or de Frédéric-Guillaume, roi de Prusse.
420. Grande médaille de Lyon : Louis XII et Anne de Bretagne. Æ.
421. 4 médailles d'argent, Louis XVIII, Louis-Philippe, Nicolas Poussin.
422. 32 médailles d'argent, Napoléon Ier, Louis-Philippe.
423. 22 médailles. Æ. Louis XIV, XV, XVI. Napoléon Ier.
424. 30 médailles. Æ. Restauration.
425. 30 médailles. Æ. Restauration.
426. 25 médailles. Æ. Restauration.
427. 18 médailles. Æ. Restauration.

428. Grande médaille des Chemins de fer. Æ.
429. 13 médailles. Æ. Louis-Philippe.
430. 8 grandes médailles. Æ. Louis-Philippe.
431. 16 médailles. Æ. Grands hommes.
432. 15 médailles. Æ. Grands hommes.
433. 22 médailles. Æ. Souverains étrangers et Papes.
437. 12 grandes médailles en étain, de la République.
438. 32 médailles diverses en étain.
439. 18 jetons d'argent : Napoléon Ier, Louis XVIII. Louis-Philippe.
440. 87 jetons en cuivre.
441. 90 jetons en cuivre.
442. 100 tokens anglais en cuivre.
443. 100 tokens anglais en cuivre.
444. 107 tokens anglais en cuivre.
445. 9 tokens anglais en argent.
446. 39 grecques en bronze.
447. Gauloises. 2 AV. 2 AR. 2 Æ.
448. Antonin en or.
449. Commode en or.
450. 18 impériales. AR. et BIL.
451. 160 grands et moyens bronzes romains.
452. 130 petits bronzes romains.

Un médailler en acajou, contenant 48 tiroirs, munis de leurs cartons, plus 4 grands tiroirs fermant à clef. Haut. 121 cent., larg. 80 cent.

Un médaillier en acajou contenant 18 tiroirs. Haut. 52 cent., larg. 41 cent.

Renou et Maulde, imprimeurs de la Compagnie des Commissaires-Priseurs, rue e Rivoli, 144. 17466

RENOU ET MAULDE

IMPRIMEURS DE LA COMPAGNIE DES COMMISSAIRES-PRISEURS

rue de Rivoli, 144.

www.ingramcontent.com/pod-product-compliance
Ingram Content Group UK Ltd.
Pitfield, Milton Keynes, MK11 3LW, UK
UKHW021040180726
13838UKWH00004B/1909